Principales publications

Reflets d'automne dans la Mattawishkwia, poésie, Les Éditions Cantinales, Hearst, 2017

Lanmou se flè sezon, 2e édition, poésie, Port-au-Prince, 2017

Le temps d'un amour, poésie, Montréal, 2013

Retour à Camp-Perrin, 2e édition, récits & haïbuns, Bukante Éditorial, Port-au-Prince, 2012

Un homme, une ville, nouvelle, in Revue XYZ N° 106, Montréal, été 2011

Tardives et sauvages, poésie, Rivarti Collection, New York, 2009

L'Arbre qui rêvait d'amour, 2e édition, fables et contes, Bukante Éditorial, Port-au-Prince, 2009

Haïkus d'un soir, poésie, illustré, Bukante Éditorial, Port-au-Prince, 2009

Ann al jwe!, littérature jeunesse, illustré, Port-au-Prince, 2007

Confidences des nuits de la treizième lune, poésie, Presses Nationales, Port-au-Prince, 2003

Mélodies pour soirs de fine pluie, poésie, Presses Nationales, Port-au-Prince, 2002

Elsie Suréna

Amours jaunies

suivi de *Miscellanées*

Poèmes

Éditions
Terre d'Accueil

Catalogage avant publication de Bibliothèque et Archives Canada

Titre : Amours jaunies suivi de Miscellanées / Elsie Suréna.
Autres titres : Poèmes. Extraits. | Miscellanées
Noms : Suréna, Elsie, auteur. | Suréna, Elsie. Amours jaunies. | Suréna, Elsie. Miscellanées.
Description : Poèmes.
Identifiants : Canadiana (livre imprimé) 20210373784 | Canadiana (livre numérique) 20210373881 |
ISBN 9782925133148 (couverture souple) | ISBN 9782925133155 (PDF) | ISBN 9782925133162 (EPUB)
Classification : LCC PS8637.U75 A6 2022 | CDD C841/.6—dc23

Édition : Suzanne Kemenang
Relecture et révision : Marie Léontine Tsibinda Bilombo
Mise en page : Françoise Abbate
Image de couverture : © Nytha Oronga, *Shadows espouse shapes*, 2021

edition@terre-daccueil.com | www.terre-daccueil.ca
416 732-5265

Dépôt légal Bibliothèque et archives Canada,
1er trimestre 2022

Il n'y a pas de temps pour aimer ;
il n'y a que la durée d'un amour. Et tant pis pour ce qui se rompt.

Jack Keguenne in *notes sur l'amour*

Todo amor nuevo que aparece
nos ilumina la existencia,
nos la perfuma y enflorece.

Amado Nervo

Ton regard

Parle d'adieu

Le mien

Se veut sourd

Comment retenir

L'amour qui s'en va?

Désertée par tes baisers

À pas tremblés je vais

Dans le vent fiévreux

On ne guérit pas face à

Des yeux absents

Suite de couacs

Mon chant

Depuis ton départ

Un goéland effleure la douce enflure
Des vagues qui s'entremêlent
Je ne peux tourner dos à cette plage
Jadis témoin de nos doigts tressés
Qu'importent les distances
Si je t'aime comme il y a vingt ans

Le cœur ne connait qu'une saison
Le temps d'aimer

Tiède soirée

Des mouettes batifolent à deux

Près des enfants

Sentirais-je encore tes doigts

Lentement

Défaire mes tresses ?

Mon cœur

Eau stagnante

Sous le vent anémique

Tout le jour
J'ai cherché

Emporté par le souffle qui pousse
Un paresseux troupeau de nuages ?

Noyé dans le Saint-Laurent
Qui lentement se hâte ?

Enfoui sous les ruines qui piétinent
Un mont affligé de soleil ?

Caché derrière ces rochers
Sentinelles du vide ?

Où, dis-moi où
Retrouver ton amour ?

Ondée de juillet

Tu t'amènes à ma porte

Je reviens vers toi, dis-tu

Comme vers une île secrète

Ritournelle des saisons

Dont j'ai maudit la danse

Qui part, part-il sans changer

Qui reste, reste-t-elle la même

Un cœur en hivernage se méfie

De l'unique hirondelle volant bas

De passage

Dans tes yeux

Ton désir

M'enlace

Douce trêve

Bras dessus, bras dessous

Comment chasser cette image de

Vous deux ?

Temps gris

Pluie de feuilles saisonnières

Dans mes pensées

Toi

L'automne gémit

De tous ses vents

Prends-moi dans tes bras

Que je pleure sans larmes

La rupture prévisible

Sirotons encore une fois

La vodka des tendres péchés

Gardons tapie au fond des yeux

Notre incurable passion

T'aimer moins

Fugace vœu

De nuit d'insomnie

Rafales

Des feuilles s'évanouissent –

Où es-tu parti ?

Te revoir

Câlineries nocturnes

Granuleuse caresse de sable

Levers d'aurores boréales

Te revoir

Espiègleries du vent

Frissons d'eaux vives

Lueur de lune nouvelle

Te revoir

Promesse de beau temps

Feu de forêt entière

Saveur *dulce de leche*

Te revoir

Réveil de soleils éteints

Son de jeunes cloches

Duo d'arcs-en-ciel

Te revoir

Arôme de muscade

Clairon de midi

Alléluia du sang

Te revoir

Envol d'oiseaux fous

Ivresse des tambours

Cris de résurrection

Hurlant à la lune

Des branches d'épinettes noires

Tremblotent

Aux rives de tes lèvres
Je me suis penchée

En vain

Leurre
De mes rêveuses paupières

Mes yeux me dénoncent

Mon cœur me trahit

Mon corps m'accuse

Me résigner

À leur désapprendre

Tes yeux vifs papillons

Ton cœur lointain voyageur

Ton corps sans nostalgie

Ne plus t'aimer
Danser, faire ripaille et bombance
En mon cœur insubordonné

Ne plus t'aimer
Lancer des allumettes bengales en l'air
M'en réjouir et chanter

Ne plus t'aimer
Faire voguer mille cerfs-volants
Rire, courir, les cheveux enfiévrés

Ne plus t'aimer
Vouer la lumière aux géhennes
Perdre mon âme de t'oublier

Aube hivernale

Là-haut se tamise

De la poussière d'étoiles

Agendas et calendriers

Ne te ramèneront pas

Comment te dire adieu

Sans jamais te revoir

J'envie la sereine tristesse

De la mer

Quand ses marins la délaissent

Par nuit sans lune

Reviens, mon amour

L'hiver prochain

Mon lit enchantera

Tes songes

Seule aujourd'hui

Tu ne penses plus à moi

Seule demain

Nous deux sous la pluie

Dans un baiser inattendu

À saveur de tendre désespoir

L'aurais-je rêvé ?

Ton infini silence

Exhale une odeur

De page tournée

Tous ces jours à venir

Sans toi

Miscellanées

Soir

départ

j'arrive trop

tôt   angoisse

Laisser le temps

filer

Un lieu

sans vous

Rumeur d'averse

Vous ne répondez pas.

Qu'importe.   Vous êtes parti ce jour-là.
L'après-midi mendiait l'amour   je n'avais que des
éclats de silex.
Vous auriez pu attendre.   Que je revienne ici - que le
soir pardonne au matin - que mes mains réapprennent
votre présence.

Vous êtes parti ce jour-là.

Les arbres s'en souviennent encore.   Vous auriez pu
attendre pour   ensemble   apprivoiser le craintif
ruisseau qui s'enfuit à travers la rocaille.

À quoi bon rêver.
Vous êtes parti ce jour-là   avant que le feu accouche
étincelles et se meurt cendre froide.

Vous auriez pu   m'attendre.

Vous ne répondez plus.

Je me tairai aussi   désormais.   Puisque la nuit s'est
engouffrée dans vos yeux   et que
vous êtes parti   ce jour-là.

Tombeau de ses propres rêves, il déambule d'une démarche incertaine. Comme une lampe sans huile, ses yeux se taisent. Ses lèvres, une plaie à l'horizontale des regrets inavoués. Affaissé sous les mensonges, son visage solfie la partition d'un chant funèbre. Nulle tête ne reposera sur sa poitrine désormais coffret d'épines. Ses bras n'étreignent plus que l'absence du corps de l'autre.

Inlassable, le passé lui griffe l'âme. Tant de squelettes aux cintres, tant de couleuvres au ras de la gorge, tant d'anneaux restés chez l'orfèvre. Silencieux locataire du désespoir, ses nuits vomissent des cauchemars.

La saison
des visages masqués
jaunit les espoirs
effeuille les rêves
déprime et tue

Les eaux têtues
de la Mattawishkwia
clament à tue-tête :
Vive qui veut vivre!

tandis qu'un cadavre
remonte sans bruit
du fond brunâtre

Enfin

aujourd'hui enfin

j'ai revu mon amour

amère douceur

des baisers échangés

lèvres et mains pressées

à l'unisson

contre la vitre

d'une étroite fenêtre

meurtrissure

de l'au revoir

En mal de pluie, les nuages rompent les eaux d'un coup

Odeur de moisi et de copeaux d'épinettes.

Du liquide glacé s'immisce dans mes tresses, me titille le cou, perle mes cils

Mille après mille s'échappe d'un véhicule solitaire

Abri discret d'un porche. Déjà plusieurs flaques où jouent des ronds enfantés par de grosses gouttes.

Ma vue se brouille et m'apparait la théière qui chante

des volutes de verveine, posée à côté d'un recueil

de Nelligan

Une madeleine avec, juste une

Dans l'air frais et vif, la hâte de te retrouver près des chenets de fer.

Tu invites Francis Cabrel, j'oublie tes chaines.

Enlacés dans la morsure de février, nous franchissons à moto les interdits des autres. Ton amour me brûle les yeux et le corps; tu es mon premier carnaval. Des nuages au bout des doigts et le goût de toi aux lèvres, nouvelle Reine de Saba, je t'offre une à une les pépites de ma passion.

Des larmes et de nos chemins de traverse, aucun regret.

Rouge halo des naissances
Rouge rire d'enfant
Rouge aubade du coq
Rouge brasier à l'heure des contes
Rouge roulement de tambour
Rouge redouté des fillettes
Rouge fleur d'hibiscus aux cheveux
Rouge pacte d'amitié
Rouge été des premiers baisers
Rouge terre de caféiers
Rouge virginité en allée
Rouge des dits du fou
Rouge illusion des sens
Rouge cri de corbeau chicaneur
Rouge réputé impur des femmes
Rouge moment de vérité
Rouge rythme de salsa
Rouge mystère des songes
Rouge obéissance à Ogoun
Rouge bénédiction de mourante
Rouges signes de vocation

Rouge foi dans l'humain

Rouge carillon de noces

Rouge adieu du soleil

Rouges nuits du poème

Rouge aura d'une naissance

Le ciel trébuche sur de houleux nuages

La rivière s'ouvre les veines dans des terres brûlantes

La mer ne sait plus si tenir sa place ou conquérir les rivages qui la limitent

Qu'importe la transhumance des monarques, si demain tes cheveux sont gerbes folles ?

Parle-moi du silence des choses au crépuscule, de la musique des mots nostalgiques pour blessures secrètes

Tes mains se rident chaque jour au contact des larmes traçant sillons de sel

Demain, quand ton chant s'arrêtera, nul ne pourra faire la part des choses, encore

moins celle du feu des allumettes bengales

Ton souvenir est un linceul où succombe le temps, lourd de non-dits et de rendez-vous ratés

J'ai compté les fils reliant les fleurs d'ylang-ylang aux longues nattes des nuits en allées

Que ne donnerais-je pour un nouveau matin
aux pieds nus

Un matin qui ramène le chant du rossignol

Un matin qui danse autour du soleil laissé à ses caprices d'enfant!

Se peut-il que le chagrin soit parure à l'âme ?

J'habite le nord des souvenirs qui se tissent les uns aux autres. Le savon d'amande de l'enfance, le *tritri,* la musique *ranchera* et les livres séchant au soleil.

J'habite l'orient des joies subtiles et les souffrances tues des *titanyen* parcourus, des *bèl-ochan,* des boléros doux-amers savourés ; des mots inventés pour un enfant et des partages entre âmes sœurs.

J'habite le sud de la fragrance vétiver d'un homme aux baisers urgents. Des yeux où parfois je fais escale pour des aveux offerts paupières mi-closes, les nuits d'heureux naufrages.

J'habite l'ouest des rencontres, au hasard des lieux apprivoisés autour d'un thé cannelle et tafia, sous des lopins de ciel indécis quand s'échappent d'agrestes effluves ou des soupirs de brise marine.

Et quand le jour se meurt je renais à moi, ombre et lumière en un perpétuel devenir. Je suis mon propre territoire, au centre de l'intangible carrefour des possibles.

www.ingramcontent.com/pod-product-compliance
Ingram Content Group UK Ltd.
Pitfield, Milton Keynes, MK11 3LW, UK
UKHW021933190726
13853UKWH00004B/1408

9 782925 133148